W0397435

Anne van Stappen

Petit cahier d'exercices de Communication NonViolente®

Illustrations Jean Augagneur

jouvence EDITIONS
les Clés de la CNV
PETIT CAHIER
Sport cérébral du bien-être

Du même auteur,
Dans la même collection PETIT CAHIER

Petit cahier d'exercices de tendresse pour la Terre et l'Humain, avec Pierre Rabhi, 2012

Petit cahier d'exercices pour s'affirmer et enfin oser dire non, 2011

Petit cahier d'exercices pour cultiver sa joie de vivre au quotidien, 2010

Petit cahier d'exercices de bienveillance envers soi-même, 2009

Aux Éditions Jouvence

Sagesse et puissance de la Communication NonViolente©, coffret contenant 56 cartes et un livret, 2013

Ne marche pas si tu peux danser, 2009

Catalogue gratuit sur simple demande

ÉDITIONS JOUVENCE
BP 90107 – 74161 Saint Julien en Genevois Cedex
Suisse : CP 89 – 1226 Thônex (Genève)
Internet : **www.editions-jouvence.com**
Mail : info@editions-jouvence.com

ISBN 978-2-88911-458-0

Couverture : Éditions Jouvence
Mise en page : Caroline Delavault
Dessins de couverture et intérieurs : Jean Augagneur
Mandalas, p. 49 et 52 : Leal Maria et Lower Richard, *Mandalas à colorier – Confiance en soi*, Espace Mieux-être, 2008.

Avant-propos

Je tiens à remercier chaleureusement Marshall B. Rosenberg de la façon spectaculaire dont il a transformé, embelli et même sauvé de nombreuses vies grâce au processus et à la philosophie de la Communication NonViolente® (CNV) dont il est le créateur.

Le but de ce petit cahier d'exercices est de diffuser largement cet **art du dialogue au service d'un art de vivre** qu'est la CNV, afin de répondre à un rêve de son fondateur : **que chaque être humain ait accès à la connaissance d'une façon d'être en relation qui encourage la paix, la bienveillance et la coopération**. Chacun aura alors à sa disposition d'autres stratégies que celles de se déchirer, de s'attaquer ou de s'entretuer pour prendre soin de ses besoins et de ses valeurs.

Les exercices et les notions de cet ouvrage m'ont été transmis en grande partie par Marshall B. Rosenberg. Ils constituent un chemin de conscience vers davantage d'humanisme et sont un outil de choix au service du développement de notre intelligence émotionnelle.

Petite mise en bouche...

Pourrions-nous, dans nos relations, être pacifiques sans être éteints, vivants et vrais sans être volcaniques, naturels sans être impulsifs ?

Existe-t-il une façon de s'affirmer sans écraser l'autre et d'écouter l'autre sans se négliger soi-même ? Entre s'emballer et ravaler ses mots, y a-t-il une troisième voie ?

C'est ce que je vous souhaite de découvrir dans ce Petit cahier de Communication NonViolente®.

En empruntant le chemin de communication proposé au fil des pages, vous verrez petit à petit grandir en vous la clarté, l'autonomie, l'assertivité (capacité à exprimer ce qui compte pour soi en tenant compte de soi **et** de l'autre) et l'audace d'exprimer des messages difficiles. Vous serez également gagné(e) par une vitalité accrue et une bienveillance croissante pour la condition humaine, la vôtre incluse !

… suivie d'un avertissement

S'immerger dans la CNV peut se comparer à l'apprentissage d'une nouvelle langue : cela requiert de la pratique, de la détermination et une imprégnation patiente.

Alors, avant d'entamer cette lecture, demandez-vous si le voyage vous tente et si vous êtes prêt(e) à accepter de vous trouver en contrée inconnue, où plus **rien n'est comme avant** et où **l'après est à construire** de jour en jour. À certains moments, votre seul réconfort sera de vous souvenir qu'**une chose est toujours difficile avant de devenir facile** et que vos relations, souvent complexes et délicates à bien mener, valent à coup sûr la peine de vous immerger au pays de la CNV.

Mais c'est quoi au juste, la CNV ?

La CNV est une façon de penser et de parler qui vise à mettre de la compréhension et du respect mutuel dans les échanges. Elle aide chacun à se relier à la partie de soi capable de comprendre avec le coeur et de se faire entendre sans agresser. Quand on tente de vivre et d'appliquer cette façon d'être en relation, on ne se préoccupe pas seulement de ce qui doit être produit, mais aussi de ce que chacun vit. Cela permet d'aborder autrui en restant en accord avec son humanité et, de la sorte, on stimule **la bienveillance en soi et en l'autre.** La confiance et le goût pour la coopération suivent naturellement et chacun s'y retrouve gagnant. Mais il gagne à un jeu bien particulier et encore trop peu répandu sur notre planète, non pas CONTRE l'autre mais AVEC l'autre. En se familiarisant avec la CNV, on développe la conscience qu'**on ne gagne pas si on gagne seul ou au détriment de quiconque.**

Dessinez-vous sur l'un des podiums et placez sur les autres des personnes avec qui vous êtes ou pourriez être en compétition ou en difficulté relationnelle.

La CNV est par excellence écologique, parce qu'elle aide à transformer l'énergie CONTRE en une énergie POUR. En effet, critiquer, ruminer, râler ou fulminer, cela gaspille une énergie considérable et c'est peu productif. Avez-vous un « petit vélo » dans la tête qui vous assaille de pensées répétitives, accusant ou jugeant tantôt l'autre, tantôt vous-même ?

Vous voulez transformer votre langage de reproches polluants en des mots inspirants ? Alors, voyageons ensemble au pays de la CNV.

Un peu de théorie

La CNV se vit sur deux plans :

- Le premier, fondement même et sens de cette démarche, est une intention de bienveillance et la recherche d'une qualité de connexion.
- Le deuxième est une façon de communiquer visant à servir le premier ; il est constitué de **4 étapes** – L'observation des faits, l'expression (facultative) de sentiments, l'expression des besoins (à l'origine des sentiments) et la formulation d'une demande – et de **2 volets** : l'expression honnête de soi (ou assertivité) et l'écoute respectueuse de l'autre (ou empathie).

Cette façon de communiquer, dans laquelle chaque personne se considère à égalité avec l'autre, pourrait se symboliser par ce dessin :

Dessinez votre perception de votre ellipse par rapport à celle de vos proches. Si votre expression de vous-même varie selon les personnes, faites plusieurs dessins en notant dedans par exemple : mes parents, mes enfants, mes collègues, etc.

Avant de découvrir les 4 étapes et les 2 volets de la CNV, explorons certains aspects de la violence relationnelle :

« La violence est l'expression tragique de besoins non satisfaits. C'est la manifestation de l'impuissance et/ou du désespoir de quelqu'un qui est si démuni qu'il pense que ses mots ne suffisent plus pour se faire entendre. Alors il attaque, il crie, il agresse... »

Marshall B. Rosenberg

La violence relationnelle existe chaque fois que nous nous coupons de notre humanité ou de celle de l'autre. Voici quelques formes de violence relationnelle :

VIS-À-VIS DE SOI

1. Ne pas prendre soin de soi dans l'écoute de :

- **ses besoins**
  ❐toujours ❐souvent ❐parfois ❐rarement ❐jamais
- **ses sensations**
  ❐toujours ❐souvent ❐parfois ❐rarement ❐jamais
- **ses sentiments**
  ❐toujours ❐souvent ❐parfois ❐rarement ❐jamais
- **ses talents**
  ❐toujours ❐souvent ❐parfois ❐rarement ❐jamais
- **ses élans**
  ❐toujours ❐souvent ❐parfois ❐rarement ❐jamais

2. Se juger *(Je n'ai pas de patience !)*
❐toujours ❐souvent ❐parfois ❐rarement ❐jamais
Se dévaloriser *(Je suis nul !)*
❐toujours ❐souvent ❐parfois ❐rarement ❐jamais
Se culpabiliser *(C'est ma faute, j'aurais dû…)*
❐toujours ❐souvent ❐parfois ❐rarement ❐jamais

3. Ne pas oser partager…

- **ses joies**
  ❐toujours ❐souvent ❐parfois ❐rarement ❐jamais
- **ses peines**
  ❐toujours ❐souvent ❐parfois ❐rarement ❐jamais

Coloriez et méditez sur la phrase suivante :

Partager une peine la diminue et partager une joie l'augmente.

4. **Être dans l'exigence** *(Je dois, il faut…)*
❒toujours ❒souvent ❒parfois ❒rarement ❒jamais

5. **Ravaler ses mots** *(À quoi bon parler de moi, ça n'intéresse personne !)*
❒toujours ❒souvent ❒parfois ❒rarement ❒jamais

6. **S'emballer** *(Je m'en veux d'être si stupide !)*
❒toujours ❒souvent ❒parfois ❒rarement ❒jamais

VIS-À-VIS D'AUTRUI

1. **Juger, critiquer**
❒toujours ❒souvent ❒parfois ❒rarement ❒jamais

Comparer, culpabiliser *(Ta sœur travaille mieux que toi !)*
❒toujours ❒souvent ❒parfois ❒rarement ❒jamais

Diagnostiquer *(Tu vas mal tourner !)*
❒toujours ❒souvent ❒parfois ❒rarement ❒jamais

Interpréter *(Il ne m'a pas salué, c'est qu'il m'en veut !)*
❒toujours ❒souvent ❒parfois ❒rarement ❒jamais

Généraliser *(Les ados sont tous devenus ingérables !)*
❒toujours ❒souvent ❒parfois ❒rarement ❒jamais

Entretenir des idées toutes faites, des préjugés *(Les politiciens sont des profiteurs !)*

❑toujours ❑souvent ❑parfois ❑rarement ❑jamais

Établir des hiérarchies *(Les gens du Nord travaillent plus que ceux du Sud !)*

❑toujours ❑souvent ❑parfois ❑rarement ❑jamais

2. **Entretenir une pensée binaire** *(Le vrai et le faux, le bien et le mal, etc. Si tu n'étudies pas, tu ne sors plus !* au lieu de : *Comment pourrais-tu te détendre sans compromettre tes études ?)*

❑toujours ❑souvent ❑parfois ❑rarement ❑jamais

3. **Nier sa responsabilité** *(Le problème, c'est ma mère, mon boss, la malchance…)*

❑toujours ❑souvent ❑parfois ❑rarement ❑jamais

C'est une double violence, contre l'autre qu'on accuse et contre soi en renonçant à son pouvoir. On pense se débarrasser du problème, mais, puisqu'on n'y peut rien, on y perd en fait son pouvoir.

4. **Exiger, obliger, menacer** *(Il faut terminer ce dossier ce matin, sinon ça va mal se passer !)*

❑toujours ❑souvent ❑parfois ❑rarement ❑jamais

Cela réduit l'élan à faire les choses et ne garantit pas qu'elles seront accomplies en notre absence.

5. **Manquer de temps et de disposition pour écouter l'autre** *(Vous croyez que je n'ai que vos problèmes à écouter ?)*

❑toujours ❑souvent ❑parfois ❑rarement ❑jamais

Cela déshumanise les relations, nuit à la santé et supprime le plaisir à exécuter les tâches imparties.

6. **Donner des conseils non sollicités** *(Fais du sport ! Change de boulot !)*

❐toujours ❐souvent ❐parfois ❐rarement ❐jamais

Voilà une façon de dire à quelqu'un qu'on sait mieux que lui ce qui lui convient.

7. **S'emballer, s'énerver contre l'autre** *(Tu n'écoutes jamais ce qu'on te dit ?!)*

❐toujours ❐souvent ❐parfois ❐rarement ❐jamais

8. **Nier sa capacité de choix** *(J'ai dû le faire. C'étaient les ordres.)*

❐toujours ❐souvent ❐parfois ❐rarement ❐jamais

Voir ma violence, c'est me rapprocher de ma sérénité.

Et vous, où en êtes-vous ?

Estimez-vous être violent(e) ?

Contre vous ? ❐oui ❐non

Contre autrui ? ❐oui ❐non

Dans les formes de violence citées plus haut, cochez celles dans lesquelles vous vous retrouvez et indiquez à quelle fréquence.

Y en a-t-il d'autres, non mentionnées, que vous voulez rajouter ? Citez-les ici :

Comment vivez-vous la violence relationnelle ?

Qui sont les **cibles** de vos emportements ou agressivités ?

- ....
- ....
- ....
- ....

Si vous en connaissez, quels sont les **signes** annonçant que vous allez basculer dans une forme de violence ?

- ....
- ....
- ....
- ....

Quels **facteurs** accroissent vos tendances belliqueuses ?

- *Par exemple, la fatigue, le bruit…*
- ....
- ....
- ....

Dans votre **entourage**, quelles conditions ou personnes vous aident à rester paisible ou à retrouver votre calme ?

- *Par exemple, faire du sport, parler à un ami…*
- ....
- ....
- ....

Dessinez ou décrivez **la plus forte violence relationnelle** que vous avez manifestée cette année.

Dessinez ou décrivez **le plus beau geste de pacification** que vous avez accompli cette année.

Observez vos dessins ou écrits et **accueillez les sentiments** qui vous viennent (voir la liste des sentiments p. 61). Sentez sans vous juger.

À présent, nous allons entamer la première partie de notre voyage. Elle comprend 4 **étapes** :

- l'observation,
- l'expression du sentiment,
- l'expression du besoin,
- et la demande.

L'observation

> « *L'observation est un point capital dans la résolution des conflits car elle fait la distinction entre ce qui est et ce qu'on en pense. C'est un espace où le dialogue redevient possible.* »
>
> Christiane Goffard (Belgique)

Souvent, lors d'une conversation, on pense qu'on parle de la même chose que notre interlocuteur et on s'imagine avoir en commun le même souvenir ou la même perception. Mais en fait, il arrive que ce ne soit pas le cas. Souvent aussi, on observe les faits et, déjà, on juge, ce qui met l'autre sur la défensive et ferme le dialogue. C'est pourquoi il est essentiel de formuler nos observations de façon neutre, en se contentant de décrire les faits, sans y mettre d'opinion ou d'interprétation.

Par exemple : « Tu n'es qu'un égoïste… » est très différent de : « Quand tu termines tout le plat de viande… »

La deuxième formulation augmente les chances d'ouverture au dialogue.

Exercice : savoir citer des faits sans y ajouter d'évaluation

Déterminez si les phrases suivantes constituent une observation dénuée d'évaluation. Si ce n'est pas le cas, imaginez ce que pourrait être une observation pure et réécrivez l'énoncé.

1. Tu es tout le temps devant l'ordinateur ⇨
2. Dans nos réunions, tu parles trop ⇨
3. Ce matin, tu es parti(e) en laissant ton assiette sur la table ⇨
4. Tu agresses tout le monde pour un rien ⇨
5. Tu es trop mère poule avec les enfants ⇨
6. Hier, tu as frappé ta petite sœur ⇨
7. Le soir, Luc a le cafard ⇨

Réponses possibles :

1. Hier, tu as utilisé l'ordinateur pendant cinq heures.
2. Dans la réunion de ce matin, tu as parlé pendant 40 minutes et les deux autres personnes ont disposé de 10 minutes.
3. O.K.
4. Tu dis que « nous sommes tous en train de te pourrir la vie ».
5. Tu vérifies le sac à dos de notre fils avant son départ en voyage de fin d'études.
6. O.K.
7. Luc pleure le soir.

Veillez surtout à contrôler ce qui se passe dans votre tête !

L'essentiel, c'est l'énergie que l'on dégage et qui se sent davantage que ce qu'on dit. En effet, même si vous avez réussi cet exercice, ce qui compte surtout, mais ne peut pas se mesurer ici, c'est **l'intention de ne pas évaluer**.

Par exemple, si Marie dit à son voisin : « Cette semaine tu n'es pas venu relever le courrier comme prévu », sur le plan verbal, c'est une observation pure, mais, sur le plan non-verbal (ce que le corps et le ton de la voix expriment), si Marie a les bras croisés et un ton agressif, son voisin sera sur la défensive car il en déduira (même inconsciemment) qu'elle lui fait un reproche.

Ce que votre interlocuteur capte surtout, c'est votre attitude non-verbale.

Le sentiment

La société actuelle laisse peu de place à l'humain. Les sentiments et les émotions sont même vécus comme un obstacle au bon fonctionnement de la vie. Ce qui est vrai quand on en est inconscient ! A contrario, être conscients de notre vécu nous évitera d'être submergés par celui-ci et nous permettra d'en prendre soin, si nécessaire.

Nos sentiments sont la couleur que la vie prend en nous de moment en moment. Dans l'appellation « sentiment », la CNV regroupe à la fois les sensations physiques, les émotions et les sentiments. Pour exprimer ce que nous sentons, il est important de développer un vocabulaire étendu parce que nous vivons quotidiennement des sentiments très divers et que nous n'avons pas appris à les percevoir ni à les nommer.

Vous arrive-t-il d'être contrarié(e) ou triste sans vraiment vous en rendre compte au moment même ?
❐oui ❐non

Et d'en prendre conscience seulement après quelques jours passés dans cet état ? ❐oui ❐non

Et juste là, maintenant, comment allez-vous ? Percevez ce que vous sentez et coloriez vos émotions du moment.

Mes émotions du moment :

Un sentiment est un messager, un indicateur veillant à nous annoncer que quelque chose en nous est comblé ou demande de l'attention : **ce quelque chose**, *en CNV, se nomme le « **besoin** ». Nous l'explorerons au cours de la troisième étape.*
Les étapes du sentiment et du besoin sont inséparables. Par exemple, « si je me sens confus(e) », cela signifie que « j'ai besoin de clarté ».

Il est communément admis qu'il existe **4 sentiments de base** *– la joie, la tristesse, la peur et la colère – autour desquels se déclinent une infinité de nuances.*

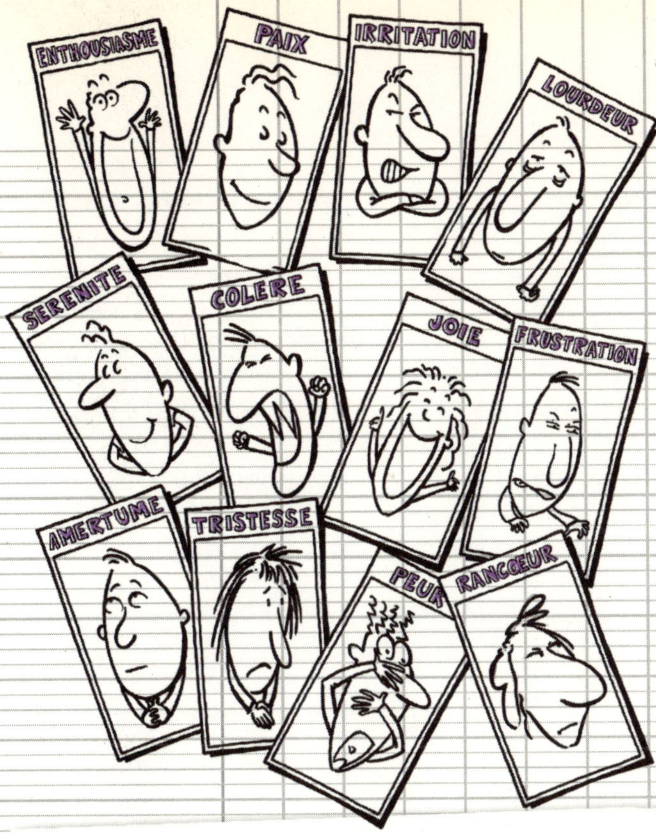

Voici 12 cartes exprimant 12 sentiments. Parmi ceux-ci, **coloriez en rose ceux que vous aimez éprouver et en gris ceux que vous n'aimez pas ressentir**.

Développez votre vocabulaire de sentiments, afin de rendre l'expression de votre vécu la plus proche de votre vérité et la plus unique possible.

Dans les situations suivantes, quels sont les sentiments possibles :

1. Vous venez de casser un verre ⇨
2. Vous apprenez qu'un pétrolier a coulé et que son fuel s'est répandu en mer ⇨
3. On vous annonce que vous êtes reçu(e) avec mention à un examen important ⇨
4. Votre partenaire vous dit qu'il (elle) vous aime ⇨

Réponses possibles :

1. Frustré(e), déçu(e)…
2. Inquiet(ète), impuissant(e)…
3. Heureux(se) !
4. Au septième ciel !

Encore un petit exercice linguistique !

Complétez cette liste en imaginant, si nécessaire, un contexte :

1. Si vous vous sentez seul(e), vous avez besoin de…
2. Si vous êtes fatigué(e), vous avez besoin de…
3. Si vous vous sentez énervé(e), vous avez besoin de…
4. Si vous êtes inquiet(ète), vous avez besoin de…

Réponses possibles :

1. Compagnie, partage…
2. Repos, ressourcement…
3. Retrouver le calme…
4. Être rassuré(e) quant à…

Souvent, on croit que nos sentiments sont engendrés par les événements ou par les actions d'autrui. Or, ce n'est pas le cas :

nos sentiments proviennent de nos besoins !

Coloriez cette vérité pour mieux vous en imprégner !

Voici une anecdote illustrant ce propos :

À la fin d'une réunion de travail, où les participants avaient beaucoup ri et peu progressé dans l'avancement d'un dossier, l'animateur demanda à chacun(e) comment il (elle) se sentait : certains répondirent qu'ils étaient ravis, car

leurs besoins de détente et de plaisir partagé étaient satisfaits ; d'autres se déclarèrent frustrés car ils avaient besoin de faire bon usage de leur temps. Ceci montre qu'un même événement peut, selon les besoins des personnes, susciter des sentiments opposés.

Si vous éprouvez un sentiment agréable, cela signifie que vous avez un ou des besoins satisfaits. Si votre partenaire vous offre des fleurs : vous serez vraisemblablement heureux(se) parce que votre besoin d'attention sera satisfait.

Si vous éprouvez un sentiment désagréable, cela signifie que vous avez un ou des besoins insatisfaits. Si votre amoureux(se) passe des heures sur Facebook sans se soucier de vous, vous serez peut-être frustré(e) parce que vous aurez besoin de considération et d'échange.

Penser que nos sentiments sont causés par autrui représente une grande source de violence. En effet, si l'on dit à son enfant : « Je suis triste parce que tu ne ranges pas ta chambre », on lui fait croire, dès son jeune âge, qu'il est responsable de notre mal-être et on l'incite à penser qu'il a le pouvoir de nous rendre heureux(se) ou malheureux(se), alors qu'en fait : « On est triste parce qu'on aime l'ordre et/ou parce qu'on a besoin d'avoir la sécurité que notre éducation porte ses fruits... » En rendant quelqu'un responsable de nos sentiments, nous alourdissons son vécu avec le nôtre et nous renonçons à notre pouvoir.

Cette notion fonctionne dans les deux sens : ce n'est donc pas utile de nous alourdir en endossant la culpabilité du vécu d'autrui. Notre action peut stimuler une souffrance chez l'autre, mais l'origine de sa souffrance réside dans **son** besoin non satisfait.

En pensant : « Ma femme est déçue parce que je vais faire du sport », un homme se charge d'une culpabilité et/ou d'une responsabilité nocive(s) pour lui et pour sa relation ; il est donc capital pour lui d'être conscient que sa femme est déçue non pas parce qu'**il** ne fait pas ce qu'elle aimerait, mais parce qu'**elle** a besoin de compagnie ou de nourrir sa relation avec lui.

Cela dit, même si un mari a conscience qu'il n'est ni coupable ni responsable des sentiments de sa femme, il est essentiel qu'il soit responsable de **ses propres intentions et actions**. Ainsi, s'il souhaite préserver la qualité de son couple (intention), il est bon qu'il crée aussi des moments (action) pour nourrir sa relation. Ainsi, s'il fait un choix en fonction de ses besoins à lui (détente par le sport), il entendra avec attention les besoins de sa femme (connexion), même si ceux-ci seront pris en compte à un autre moment.

Une relation s'épanouit davantage quand la culpabilisation mutuelle diminue et que chacun entend, accueille et considère les besoins de l'autre à égalité avec les siens.

Il existe des mots couramment employés comme des sentiments, mais dont l'utilisation est à éviter, car ils sont mêlés à un jugement. Ce sont des mots comme : « Je me sens trahi(e), abandonné(e), incompétent(e)... » Comme ils jugent ou accusent, ils représentent une source potentielle de conflits (jugement sur l'autre) ou de découragement (jugement sur soi).

Les phrases du genre : « Je sens que, j'ai l'impression que... » sont à éviter parce qu'elles sont souvent suivies d'une pensée : « Je sens que tu me mens » exprime une pensée, alors que « Je me sens méfiant(e) » exprime un sentiment.

Déterminez si les phrases suivantes expriment ou non un sentiment ou une évaluation masquée. Si le sentiment n'est pas exprimé, réécrivez la phrase de façon à ce qu'il soit clairement présent.

1. **Quand tu ne me dis pas bonjour, je me sens ignoré(e).**

Sentiment	Évaluation masquée	Reformulation
❒Oui ❒Non	❒Oui ❒Non	❒Oui ❒Non

2. **Je n'y arriverai pas.**

Sentiment	Évaluation masquée	Reformulation
❒Oui ❒Non	❒Oui ❒Non	❒Oui ❒Non

3. **Je suis dépité(e) d'avoir raté mon bac.**

Sentiment	Évaluation masquée	Reformulation
❒Oui ❒Non	❒Oui ❒Non	❒Oui ❒Non

4. Je sens que tu préfères Françoise.

Sentiment	Évaluation masquée	Reformulation
❒Oui ❒Non	❒Oui ❒Non	❒Oui ❒Non

5. Tu m'irrites quand tu laisses tout en désordre.

Sentiment	Évaluation masquée	Reformulation
❒Oui ❒Non	❒Oui ❒Non	❒Oui ❒Non

6. Je suis fatigué(e) de nos disputes.

Sentiment	Évaluation masquée	Reformulation
❒Oui ❒Non	❒Oui ❒Non	❒Oui ❒Non

7. J'ai le sentiment qu'il m'arnaque.

Sentiment	Évaluation masquée	Reformulation
❒Oui ❒Non	❒Oui ❒Non	❒Oui ❒Non

Résultats possibles :

1. Je me sens étonné(e), perplexe…
2. Je me sens découragé(e)…
3. O.K.
4. Je me sens triste…
5. Je suis irrité(e)…
6. O.K.
7. Je me sens méfiant(e)…

Mon Monde Meilleur

Exercice : Un monde meilleur

Prenez un moment pour décrire les 7 plus importantes caractéristiques de ce que serait, dans votre vie, un monde meilleur sur le plan relationnel. Par exemple, prendre le temps de se connaître entre voisin, respecter ses engagements, etc.

Contemplez ce monde, imaginez qu'il soit devenu réalité et sentez ce que cela vous fait.

Le besoin, diamant du processus de la CNV

> « *Tout ce qu'on fait, c'est pour aller à la rencontre de nos besoins.* »
> Marshall B. Rosenberg

Selon l'acception de la CNV, le terme « besoin » désigne aussi bien ce qui est indispensable à notre vie que ce qui lui donne de la sécurité et du sens. Il englobe à la fois nos « besoins vitaux », nos « besoins de sécurité » et « nos besoins d'épanouissement ».

- **Besoins vitaux** : respirer, manger, boire, dormir, éliminer.
- **Besoins de sécurité** : besoin de sécurité matérielle, affective…
- **Besoins d'épanouissement de l'être humain** : besoin de contribuer à la vie, besoin de donner du sens…

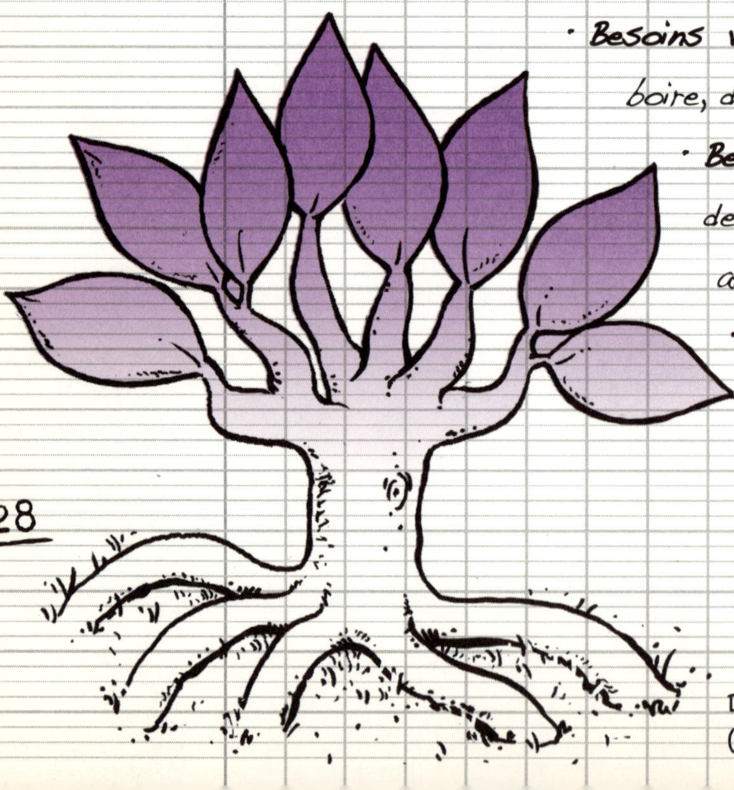

Dessin inspiré par Martine Marenne (Belgique)

Cet arbre symbolise vos besoins : écrivez dans ses racines les besoins vitaux ; dans le tronc et les branches, vos principaux besoins de sécurité et dans les feuilles, vos besoins actuels d'épanouissement. Coloriez votre arbre selon votre inspiration.

Pour vous aider à découvrir vos besoins de sécurité et d'épanouissement, référez-vous aux listes p. 62.

Les besoins sont essentiels parce qu'ils constituent un terrain sur lequel les êtres humains peuvent se comprendre : au niveau des besoins, le conflit est impossible car c'est un niveau qui amène à la compréhension mutuelle et au non-jugement. En effet, les besoins sont universels et semblables entre les êtres humains.

« Il n'existe pas d'homme ou de femme qui puisse se passer de respirer ou de boire – pour parler du plan physiologique – ou d'être en relation, de recevoir de la compréhension pour ses joies et ses peines et de jouir de sa liberté de choix. »

Anne Bourrit (Suisse)

Un besoin s'exprime en termes positifs et n'implique ni une autre personne, ni une action concrète. Il s'agit de dire : « J'ai besoin de... » et pas : « J'ai besoin que tu ne... »

Si l'on dit à son enfant qui sort pour la première fois le soir : « J'ai besoin que tu ne prennes pas de risques et que tu rentres avec ton frère », cette forme est négative, elle implique l'autre et y mélange une action. On dira plutôt : « Je suis inquiet(ète) et j'ai besoin de me rassurer en te sachant en sécurité. Serais-tu d'accord de rentrer en même temps que ton frère ? »

Exercice pour identifier ses besoins

Examinez si les phrases suivantes expriment un besoin. Si ce n'est pas le cas, imaginez ce que pourrait être ce besoin et réécrivez la phrase de façon à l'exprimer.

1. Je me sens triste parce que tu ne m'as pas souhaité un bon anniversaire ⇨
2. Je suis déçu(e) que tu n'aies pas tenu ton engagement ⇨
3. J'ai besoin que tu viennes me voir ⇨
4. J'ai besoin de plus de temps pour parler ⇨
5. J'ai besoin de solidarité ⇨
6. J'aimerais plus de clarté ⇨
7. Je voudrais que tu te taises quand je parle ⇨

Résultats possibles

1. Je me sens triste parce que j'aime être fêté(e).
2. Je suis déçu(e) parce que j'ai besoin de cohérence entre les paroles et les actes.
3. J'ai besoin de nourrir notre relation.
4. J'ai besoin d'aller à mon rythme.
5. Un besoin est exprimé.
6. Un besoin est exprimé.
7. J'ai besoin de calme, de concentration.

En CNV, on s'exprime en étant conscient que c'est en se « démêlant » de l'autre qu'on augmente ses chances d'être vraiment proche de celui-ci. Ainsi, quand on exprime son besoin, on veillera à ne pas impliquer une autre personne (exemple 1) et si on envisage le besoin d'autrui, on se « démêlera » de celui-ci (exemple 2).

- Exemple n° 1 : « J'ai besoin de calme » et pas : « J'ai besoin que tu te calmes ! »
- Exemple n° 2 : « As-tu besoin d'être seul(e) pour te retrouver toi-même » et pas : « As-tu besoin que je te fiche la paix ?! »

Reprenez l'exercice « Un monde meilleur » (p. 27), lisez ce que vous avez écrit et, si nécessaire, traduisez vos phrases en besoins.

Par exemple, moins de disputes en famille :
⇨ besoin d'harmonie.

Lorsqu'on prend conscience d'un besoin non satisfait, cela nous permet, grâce à l'élaboration d'une demande, de trouver une issue à notre difficulté.

La demande

« La demande, dans la conscience des besoins, est la clé de l'abondance. »

Guy De Beusscher (Belgique)

Une demande comporte 6 critères :

- Elle s'adresse à quelqu'un de précis : « Serais-**tu** d'accord de... » et pas : « est-ce qu'**on** pourrait m'aider ? »
- Elle concerne l'instant présent : « Me dire si tu veux faire la vaisselle... » et pas : « **Dorénavant** tu feras la vaisselle ! »
- Elle est concrète : « Me dire si tu veux faire la vaisselle » et pas abstraite comme « m'aider ».
- Elle est exprimée en langage positif : éviter les négations comme « de ne plus ».
- Elle est réalisable : demander l'impossible est le meilleur moyen pour ne rien obtenir !
- Elle laisse le choix : « Serais-tu d'accord de... » et pas « Je veux que tu... ».

Faire une demande, c'est être proactif(ve) et c'est prendre sa vie en mains !

Coloriez cette phrase pour mieux l'assimiler.

Dans la demande, il y a la puissance d'initier le changement. Parfois, cela peut faire peur de découvrir à quel point on a le pouvoir de créer ce à quoi on aspire. En d'autres circonstances, on peut être inquiet(ète) à l'idée de recevoir un non.

Il existe deux types de demandes :

- celles visant la connexion avec l'autre (utilisées dans 90 % des cas)
- et celles visant une action (10 % des cas).

Exemples d'une demande de connexion :

« Maintenant, ce que je souhaiterais, c'est...

- entendre ton opinion ;
- que tu me dises si tu veux bien qu'on explore ensemble les solutions envisageables ;
- que tu me dises ce que ça te fait de m'entendre. »

Exemple d'une demande d'action :

« Maintenant, ce que je souhaiterais, c'est…

- *qu'on prenne nos agendas pour fixer un rendez-vous ;*
- *que tu tondes la pelouse avant demain. »*

Exercice pour apprendre à exprimer des demandes

Examinez les phrases suivantes. Si les 6 critères ne sont pas rencontrés, reformulez-les en imaginant éventuellement un contexte.

Exemple d'une demande remplissant les 6 critères :

« Serais-tu d'accord qu'on reparle ce soir de notre différend d'hier ? »

1. Je souhaiterais que tu m'écoutes ⇨
2. J'aimerais que tu me cites une chose que j'ai faite et que tu apprécies ⇨
3. J'aimerais que tu te sentes plus à l'aise pour donner ta conférence ⇨
4. Veux-tu bien préparer le souper de ce soir ? ⇨
5. Laisse-moi vivre ma vie ! ⇨
6. Dorénavant, c'est toi qui répondras au téléphone ! ⇨
7. Serais-tu d'accord de continuer la conversation après le dîner ? ⇨

Résultats possibles :

1. Voudrais-tu me dire avec tes mots ce que tu as entendu de ce que je viens de te dire ?
2. O.K.
3. Est-ce que cela te donnerait confiance si tu répétais ta conférence devant moi ce soir ?
4. O.K.
5. J'aimerais décider moi-même des vêtements que je porterai samedi !
6. Serais-tu d'accord de répondre au téléphone de 16 heures à 17 heures ?
7. O.K.

Reprenez l'exercice « Un monde meilleur » (p. 27) :

Lisez les besoins que vous avez écrits et, afin de devenir acteur (actrice) de votre monde meilleur, formulez une demande que vous pourriez (vous) faire pour aller dans le sens de l'un de vos besoins.

*
* *

Nous voilà au terme de l'apprentissage des 4 étapes de la CNV.

Passons à présent aux 2 volets qui établissent une pleine communication entre l'autre et soi :

- *l'expression honnête ou assertivité*
- *et l'empathie.*

*Ce dessin illustre la difficulté de la communication. Chaque personne est arrivée au sommet de sa montagne par un chemin qui lui est propre et ne voit que **son** côté du sapin situé entre les deux montagnes.*

La complexité de la communication

La façon dont chacun décrira le sapin sera forcément différente.

Dans la partie « expression de soi », la CNV nous apprend à connaître et à décrire le plus objectivement possible notre face du sapin, et ce, dans le respect de l'autre.

Pour appréhender la partie « écoute de l'autre », nous descendrons de notre montagne et monterons sur celle de l'autre, afin de découvrir **son** point de vue. Cela nécessitera de lâcher notre vision des choses pour considérer celle de notre interlocuteur.

Il est clair que cet alpinisme est exigeant, mais il nous offre une expérience irremplaçable, parce qu'après avoir escaladé la montagne de l'autre, on revient sur la sienne enrichi de la variété des chemins menant aux différents points de vue et de la connaissance du sapin dans son ensemble.

L'auto-empathie, préambule silencieux à l'expression de soi

C'est en allant au coeur de soi-même que l'on trouve sa résonance avec l'autre.

Un des points essentiels pour préserver les relations, c'est d'apprendre à sentir ce qui se passe en soi et pourquoi. Surtout quand on traverse une difficulté.

L'auto-empathie est un moment que l'on prend pour se tourner vers l'intérieur de soi et pour accueillir ce qui s'y passe. Pour cela, on se pose deux questions :

- Comment est-ce que je me sens ?
- À quoi est-ce que j'aspire dans cette situation ?

Et l'on reste avec ces questions jusqu'à ce qu'une clarté se fasse en soi et/ou jusqu'à ce qu'on ressente un soulagement à l'inconfort du moment.

Coloriez la phrase suivante pour mieux l'assimiler :

L'attention qu'on se porte nous apaise et nous permet ensuite d'accueillir plus aisément l'autre.

S'écouter prend du temps et n'est pas toujours facile : il arrive que l'on se sente mal, mais qu'on en ignore les raisons. Dans ce cas, il est bon de prendre tout le temps nécessaire pour être présent(e) à soi, **avec bienveillance et persistance**. Cela peut aider d'écrire ses sentiments et ses besoins au fur et à mesure de leur prise de conscience.

Par exemple, une femme annonce à son partenaire qu'elle souhaite se séparer de lui pendant un mois. Son partenaire pourrait écrire en s'accueillant lui-même avec auto-empathie :

« Quand ma femme m'annonce qu'elle veut se séparer de moi pendant un mois,

- je me sens inquiet et j'ai besoin d'être rassuré sur la solidité de notre relation,
- je me sens maladroit et j'aimerais croire qu'elle sent l'amour que j'ai pour elle,
- je suis triste et j'ai besoin de préserver notre relation,
- je suis surpris et je tiens à comprendre les raisons de sa demande. »

« Maintenant, je vais lui écrire une lettre pour lui exprimer mon amour et lui proposer qu'on parle un soir de tout cela, après le coucher des enfants, afin de comprendre ce qu'elle vit. »

Quand on prend le temps de s'écouter soi-même, cela procure de la clarté, de l'énergie et de la confiance. On peut ensuite (se) faire des demandes en fonction des besoins du moment.

Exercice d'auto-empathie

Pensez à une situation difficile. Observez la situation :
Quand je pense à…
Accueillez vos sentiments **avec bienveillance et persistance :**
…je me sens…
Recherchez vos besoins non satisfaits :
…parce que j'ai besoin de…
Recherchez l'action que vous pourriez entreprendre pour rencontrer l'un de vos besoins :
…et maintenant, je vais…

Si, le matin, la cafetière explose, les enfants sont en retard et que votre mari fait la tête, faites instantanément le choix de l'auto-empathie !

Expression de soi ou honnêteté, assertivité

Côté MOI

Plus les mots viennent de votre humanité, c'est-à-dire sous la forme de sentiments et de besoins, dans le respect de l'autre, plus vous serez crédible, considéré(e) et écouté(e). Après avoir clarifié ce qui se passe en soi, on décide d'aller en parler à la personne concernée.

Sous l'angle de vue de la CNV, l'**honnêteté** est la capacité d'un être humain à exprimer ce qu'il vit et ce à quoi il aspire, sans jugement, ni reproche, ni agressivité. Si on veut bien s'entendre, il est essentiel d'apprendre à dire à l'autre **sa propre vérité** plutôt que de lui balancer ses quatre vérités !

Si, dans une relation, l'un des interlocuteurs se sent critiqué, cela affaiblit la capacité commune à collaborer ou à résoudre un conflit, et ce, même si la critique est fondée.

Si vous parlez de vous, alors, parlez vraiment de vous ! Si vous parlez vraiment de vous, l'autre n'existe pas dans l'image. Cela ne veut pas dire qu'il ne compte plus, mais signifie qu'il disparaît du cadre de votre drame. En fait, quand vous parlez vraiment de vous, seulement vous restez dans ce que vous communiquez. À ce moment-là, vous êtes mûr(e) pour dire à l'autre ce que vous vivez et pour qu'il puisse vous entendre.

Exercice d'expression honnête

Pensez à une difficulté que vous vivez (ou avez vécue) avec quelqu'un :
Décrivez la situation :
Quand je pense à ce moment où…
Nommez un ou deux sentiments :
…je me sens…
Exprimez un ou deux besoins non satisfaits :
…parce que j'ai (j'avais) besoin de…
Citez l'action que l'autre pourrait entreprendre pour prendre en compte vos besoins :
…et maintenant, serais-tu d'accord de…

Écoute de l'autre ou empathie

Côté L'AUTRE

Empatheia signifie en grec « sentir intérieurement, percevoir l'expérience subjective de quelqu'un d'autre ».

> **« Donner de l'empathie à l'autre, c'est se faire du bien à soi. »**
> Pascale Molho (France)

> **« L'empathie est une qualité d'écoute et de présence à l'autre, à ses sentiments et à ses besoins, sans vouloir l'amener quelque part et sans souvenir du passé. »**
> Marshall B. Rosenberg

Il y a une chose qui désamorce la violence et l'agressivité au sein d'une relation, c'est quand on tente de comprendre l'autre au niveau de ce qui est le plus important pour lui, c'est-à-dire ce qu'il ressent (**ses sentiments**) et ce qui donne un sens à sa vie (ses souhaits, ses aspirations, ses valeurs, en un mot : **ses besoins**). Ainsi, lors de conflits, quand quelqu'un reçoit de la compréhension pour ce qu'il vit (ce qui n'implique pas qu'on soit d'accord avec lui) et pour ses besoins (ce qui ne veut pas dire qu'on va les assouvir), quelque chose de très subtil se produit en lui : ses défenses s'abaissent et, petit à petit, il s'ouvre de nouveau au dialogue et à la relation.

Plus quelqu'un est agressif ou violent, plus il a besoin d'empathie et moins on a envie de lui en donner !

Dans l'empathie, ce qui compte avant tout, c'est la qualité de présence qu'on offre. Être empathique, c'est tenter de voir l'autre comme un être humain et de créer avec lui une qualité de connexion.

Les signes indiquant qu'une personne a reçu notre empathie :

- Elle n'ajoute plus rien ou bien déclare : « Oui, c'est tout à fait ça ! »
- Une certaine tension, perceptible jusque dans son corps, a disparu.

L'**empathie** n'a rien à voir avec :

- La **sympathie** : on peut trouver quelqu'un sympathique et n'avoir aucune envie d'être empathique à son égard (j'apprécie ma voisine mais je n'ai pas pour autant envie d'écouter ce qui ne va pas dans sa vie) et inversement, on peut être empathique avec quelqu'un vis-à-vis de qui on n'éprouve pas de sympathie (même si je m'entends mal avec mon boss qui me met souvent la pression, je peux lui dire : « Avez-vous besoin d'être assuré que le travail sera accompli dans les délais ? »)

- La complaisance : on peut être empathique avec quelqu'un et ne pas être d'accord avec lui ni faire ce qu'il demande (j'écoute avec bienveillance mon enfant qui ne veut plus aller à l'école, cependant je refuse qu'il manque les cours).

Exercice d'empathie

Pensez à une difficulté que vous vivez (ou avez vécue) avec quelqu'un :

Décrivez la situation :

Quand tu penses à ce moment où…

Nommez un ou deux sentiments que votre interlocuteur pourrait ressentir :

…est-ce que tu te sens, tu es…

Nommez un ou deux besoins que vous pensez être insatisfaits chez votre interlocuteur :

…parce que tu as/tu avais besoin de…

Formulez une demande visant à vérifier si vous avez bien perçu ce que vit votre interlocuteur :

…est-ce bien ça ?

La « danse » complète en CNV

Lorsque au cours d'une interaction s'expriment à la fois et durant plusieurs échanges l'empathie et l'honnêteté, on parle d'une « danse complète » entre deux personnes. Celle-ci est génératrice de pacification, de respect mutuel et de collaboration.

Vous avez franchi les premières étapes de notre voyage vers la CNV. Vous êtes des passagers amarinés de la croisière CNV, où l'on pratique une « **communication naturelle et vivifiante !** » (Michelle Guez, France).

Voici à présent quelques moyens qui ont fait leurs preuves pour vous aider à garder la forme au cours d'éventuelles tempêtes...

Oser dire non

Savez-vous facilement dire non et/ou mettre des limites ?

Si ce n'est pas le cas, écrivez ici ce qui vous en empêche :

Quelques idées sur ce qui peut nous empêcher de dire « non » :

- Être surpris par une demande imprévue et manquer de temps pour nous consulter sur nos besoins.
- Avoir peur des conséquences, comme de perdre l'amour ou d'amorcer un conflit.
- Être partagé entre le besoin qui nous ferait dire oui et celui qui nous ferait dire non.
- Penser que les besoins d'autrui sont plus importants que les nôtres.

Apprendre à dire non en respectant chaque personne concernée est un puissant chemin de rencontre avec soi-même. **Tous nos faux « oui », qui ne respectent pas nos besoins,**

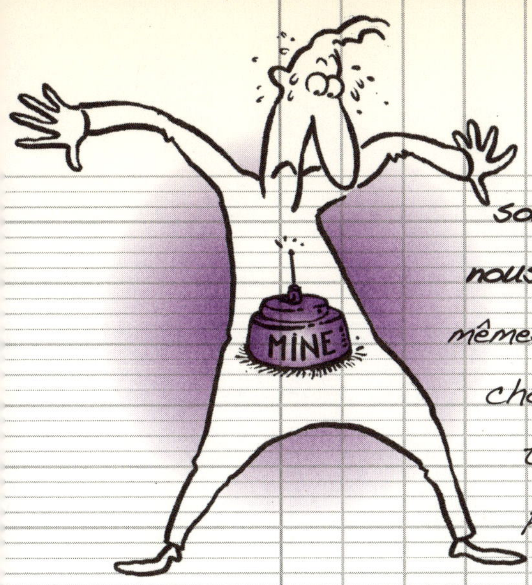

sont semblables à des champs de mines en nous : ils ont des conséquences sur nous-mêmes, nos relations et notre goût à faire les choses : ils amènent insidieusement à la démotivation, à la colère, à des tensions et à la perte de l'estime de soi.

Inversement, si l'on apprend à dire non sans en être gêné ou coupable, on acquiert davantage d'estime de soi et de pouvoir personnel.

Les étapes pour apprendre à dire « non » :

1. Accueillez la demande de la personne en lui montrant votre ouverture par votre attitude non-verbale, ce qui n'engage en rien la réponse que vous lui donnerez par la suite. Souvent, ce qui est difficile pour celui qui fait une demande, c'est de lire dans le regard de son interlocuteur que ce dernier vit cette demande comme un ennui ou une poisse.
(Un soir en semaine, Madame veut sortir pour se changer les idées alors que Monsieur est fatigué.)
2. Si vous savez que, d'une façon générale, vous avez tendance à dire « oui », commencez par différer votre réponse.

(J'ai besoin de réfléchir à ta demande. Je te dirai ma décision dans une heure.)

3. *Reformulez la demande et les besoins de la personne, afin de lui montrer que vous l'avez pleinement entendue.*

   (J'entends que tu aimerais sortir ce soir et que tu as besoin de te changer les idées.)

4. *Dites « non » en exprimant les sentiments et les besoins qui vous poussent à refuser.*

   (Je suis partagé entre l'envie de te faire plaisir et le besoin de me ressourcer après une semaine épuisante. J'ai besoin de retrouver mon énergie, alors pour ce soir, c'est non !)

5. *Faites une demande montrant que vous prenez en compte les besoins de chacun et que vous êtes concerné(e) par ce que l'autre vit.*

   (Mais si tu es d'accord, ce soir, on pourrait prendre du temps pour préparer la sortie de demain ? ou bien : As-tu une idée d'une autre distraction qui te plairait tout en tenant compte de ma fatigue ?)

Ensuite, l'échange, la « danse » se poursuit dans l'écoute des besoins respectifs.

Dans cette façon de procéder, ce qui touche surtout la personne, c'est votre capacité à être en lien et en paix avec vos besoins tout en étant sincèrement concerné(e) par les siens et par ce que votre « non » suscite en elle.

Coloriez ce mandala en vous imprégnant de son texte de sagesse.

« Je sais ce qui est bon pour moi.
Je sais dire non lorsque les propositions qu'on me fait ne me conviennent pas.
J'accepte aussi qu'on me dise non,
je ne me sens pas blessé ou réduit pour cela. »

Exprimer sa colère pour soi et pas contre l'autre

> « N'aie pas peur de te confronter ; du chaos naissent les étoiles. »
>
> Charlie Chaplin

La colère est une fonction vitale qui a beaucoup de valeur parce qu'elle nous éveille et nous donne de l'intensité pour agir. Son énergie est à respecter et à utiliser dans toute sa puissance, c'est-à-dire pour servir nos besoins et pas dans le but d'attaquer l'autre.

Mon mental crée-t-il mon enfer ou mon paradis ?

Dessinez ce que crée votre mental quand vous êtes en colère ou énervé(e).

Mon dessin :

La colère contre l'autre a peu de pouvoir et consomme beaucoup d'énergie. Elle est le signe que nous avons perdu le contact avec nos besoins et que nous sommes dans la tête, occupés à **juger** :

- Qui a tort, qui a raison ?
- Ce qui aurait dû être fait ou non ?
- Qui mérite d'être puni, etc. ?

L'action de quelqu'un peut « stimuler » notre colère, mais elle n'en est jamais la cause. Sa cause se situe dans nos pensées et dans notre interprétation de certaines situations. Et la racine de notre colère se situe dans nos besoins insatisfaits.

Un dimanche matin, Stephen Covey se trouvait dans un métro presque vide. Tout était calme quand vint s'asseoir un père avec ses quatre enfants. Bien qu'ils fissent un vacarme épouvantable, leur père ne leur dit rien. Agacé, énervé, Stephen Covey fulmina intérieurement : « C'est incroyable, cet homme est inconscient ! Il devrait dire à ses enfants de se calmer ! » Peu après, alors qu'il allait s'adresser au père, celui-ci lui dit : « Je m'aperçois que mes enfants dérangent et je vous prie de m'excuser de ne pas leur avoir demandé de se calmer,

mais je me sens très mal. Nous sortons de l'hôpital où leur maman vient de mourir. »
En une seconde, la colère de Stephen Covey, qui provenait de ses pensées critiques, s'est muée en compassion !

Il n'y a aucun doute que quelqu'un se comporte comme il se comporte, mais, ce que nous en faisons et pensons vient de nous et fait toute la différence.

Coloriez ce mandala en vous imprégnant de son texte de sagesse.

« Je prends conscience que c'est moi qui ai le pouvoir sur mes humeurs.
Les autres n'y sont pour rien, ils ne sont pas responsables de ce qui m'arrive. »

La colère est un sentiment couvercle qui en masque d'autres. En effet, si l'on reconnaît les besoins qu'elle exprime, la colère se transforme et révèle d'autres sentiments, comme la tristesse, l'impuissance et la peur.

Voici à présent un processus en **6 étapes pour transformer votre colère CONTRE en une énergie AU SERVICE DE votre vie** :

1. Faites le silence, voire quittez les lieux afin de ne pas empirer les choses.
2. Écoutez vos jugements sur l'autre et écrivez-les.
3. Cherchez les besoins cachés derrière vos jugements et accueillez-les un par un.
   (Tu es égoïste ⇨ besoin d'être pris en compte)
4. Accueillez en vous l'émergence de nouveaux sentiments.
5. Écrivez quelle demande vous pourriez (vous) faire pour satisfaire vos besoins.
6. Si nécessaire, allez trouver la personne concernée et dites-lui vos sentiments, vos besoins et éventuellement votre demande.

Exprimer pleinement sa colère requiert la capacité d'être conscient de tous ses besoins. Vous y arriverez en remplaçant systématiquement : « Je suis en colère parce que tu... »

en : « **Je suis en colère parce que j'ai besoin de...** »

Écrivez plusieurs fois : « J'ai besoin de… » pour comprendre la nuance de cette formulation.

Dans la plupart des cas, si votre interlocuteur est en tumulte intérieur ou s'il entend qu'il a mal agi, il lui sera difficile de recevoir vos sentiments et vos besoins. Alors, avant d'espérer qu'il accueille ce que vous éprouvez, il est bon, si vous y parvenez, de passer par une phase où vous lui témoignerez votre empathie.

Une réflexion supplémentaire importante consiste, à la suite des six étapes, à vous demander quels besoins votre interlocuteur tentait de combler en se comportant comme il l'a fait. Par exemple, dans l'histoire de Stephen Covey, le père de famille avait probablement besoin d'aller en lui-même pour se ressourcer en oubliant tout le reste.

S'exprimer de façon naturelle

Souvent, au début de l'apprentissage de la CNV, notre langage devient limité, voire artificiel, ce qui nous vaut des commentaires ironiques et décourageants, du genre : « Tu psychologises toujours tout comme ça ? Tu es obsédé(e) de sentiments ces temps-ci ! Tu n'as plus qu'un mot à la bouche : tes besoins ! »

Pour vous aider à pallier cette difficulté, souvenez-vous que l'essentiel est :

- Votre capacité de présence à vous-même et à l'autre.
- Votre intention d'être empathique et assertif(ve).

Cela étant, voici des manières plus variées et discrètes pour exprimer vos sentiments et besoins et accueillir ceux de l'autre.

Honnêteté

Sentiments :

Forme classique : *Je me sens…*

⇨ *Je suis…/C'est…/Cela me fait…*

Besoins :

Forme classique : *Parce que j'ai besoin de…*

⇨ *J'adore, je préfère quand…/Ça me plaît quand…/Ça me paralyse si…/C'est génial selon moi, quand…/J'aime moins quand…*

Empathie

Sentiments :

Forme classique : *Est-ce que vous vous sentez…*

⇨ *Vous êtes… (triste, etc.) ? / Cela vous fait… (de la peine, chaud au cœur, etc.) ? / C'est… (difficile, etc.) pour vous ? / Cela doit être… (stressant, etc.)*

Besoins :

Forme classique : *Parce que vous auriez besoin de….*

⇨ *Vous aimeriez, voudriez… / Votre souhait serait… / L'idéal pour vous serait… / Ce qui compte à vos yeux, c'est… / Tu détestes quand… / Ça te plairait si… / Ce serait cool, le pied pour toi si… / Ça te pompe quand…*

Entourez les phrases qui vous inspirent en fonction du style de langage qui vous est plus familier ou créez-en d'autres ci-dessous :

Formulations visant à obtenir un retour sur ce qu'on vient de dire :

(L'important réside surtout dans le fait de poursuivre la danse en offrant à l'autre un espace de réaction et de danse !)

Forme classique : *Est-ce que tu te sens… parce que tu as besoin de… est-ce bien ça ?*

⇨ *Que penses-tu de ce que je te dis ? / Qu'est-ce qui t'interpelle dans mes mots ? / Avec quoi es-tu en accord ? Ou en désaccord ? / Ça te fait quel effet quand je te raconte ça ? / Qu'est-ce qui compte pour toi dans ce que j'ai dit ?*

L'appréciation positive

Les petites attentions font les grandes relations !

Des événements peu spectaculaires en apparence enracinent dans les êtres humains une confiance de fond dans la vie. Une phrase, un sourire peuvent nous marquer pour la vie.

L'encouragement et l'appréciation positive sont des vitamines dont chaque être humain a besoin sans oser les demander ou les recevoir.

Pensez à une attention que quelqu'un vous a adressée et qui vous a fait du bien et faites l'exercice suivant, en imaginant que vous parlez à la personne concernée :

1. Décrivez ce qu'elle a fait ou dit :
2. Exprimez le(s) besoin(s) satisfait(s) chez vous par cette action ou cette parole :
3. Exprimez comment vous vous sentez en y pensant :
   Quand tu…
   …cela a satisfait chez moi le(s) besoin(s) de…
   …et lorsque j'y pense, je me sens…

À présent, adressez-vous à vous-même un merci en suivant les mêmes étapes et voyez si vous pouvez le recevoir pleinement !

C'est le moment de faire le bilan de votre voyage : pour cela, répondez aux questions selon votre réalité actuelle. Si vous voyez qu'il vous reste du chemin à faire, retournez aux chapitres à approfondir et, au lieu de vous blâmer, souvenez-vous de cette phrase :

> **« Chaque fois que je me plante, je pousse ! »**
> Michelle Guez (France)

- **Est-ce qu'avant de communiquer avec l'autre, je communique avec moi-même ?**
  ❒toujours ❒souvent ❒parfois ❒rarement ❒jamais
- **Suis-je capable de garder le lien avec moi sans nier l'autre ?**
  ❒toujours ❒souvent ❒parfois ❒rarement ❒jamais

- **Suis-je capable d'écouter l'autre sans m'oublier moi-même ?**
❐toujours ❐souvent ❐parfois ❐rarement ❐jamais

- **Suis-je capable de garder la tête froide et le cœur chaud ?**
❐toujours ❐souvent ❐parfois ❐rarement ❐jamais

- **Est-ce que j'ose dire non sans m'en vouloir ?**
❐toujours ❐souvent ❐parfois ❐rarement ❐jamais

- **Suis-je capable de dire non en exprimant les besoins auxquels je dis oui ?**
❐toujours ❐souvent ❐parfois ❐rarement ❐jamais

- **Est-ce que j'exprime mes colères de façon constructive et respectueuse ?**
❐toujours ❐souvent ❐parfois ❐rarement ❐jamais

- **Suis-je capable de voir la beauté en l'autre ?**
❐toujours ❐souvent ❐parfois ❐rarement ❐jamais

- **Suis-je capable de voir la beauté en moi ?**
❐toujours ❐souvent ❐parfois ❐rarement ❐jamais

*La CNV ne se veut pas être la somme d'une série de règles, mais plutôt un guide qui nous permet de grandir en humanité. L'important dans ce cahier n'est pas tant la « technique linguistique » que l'**intention d'être bienveillant pour soi et l'autre**, c'est-à-dire **à la fois authentique et empathique**.*

« *Chaque seconde peut être un nouveau départ, si tu le veux. C'est à toi de choisir.* »

Christian Bobin

Dessinez votre nouveau départ pour votre « monde meilleur » dans le domaine de vos relations.

Mon dessin :

Sentiments éprouvés quand nos besoins sont satisfaits

À l'aise, admiratif, allégé, aimant, amusé, animé, apaisé, attendri, bien disposé, bouleversé, calme, captivé, centré, chaleureux, charmé, comblé, compatissant, concentré, concerné, confiant, content, curieux, décontracté, délassé, délivré, détendu, déterminé, dynamisé, ébahi, électrisé, emballé, émerveillé, émoustillé, ému, en effervescence, en expansion, enchanté, encouragé, énergique, enflammé, engagé, enjoué, en harmonie, enthousiaste, épanoui, espiègle, plein d'espoir, étonné, éveillé, exalté, excité, exubérant, fasciné, fier, fort, galvanisé, gonflé à bloc, grisé, heureux, impliqué, insouciant, inspiré, intéressé, intrigué, joyeux, léger, libre, motivé, nourri, optimiste, ouvert, paisible, partagé, passionné, pétillant, proche, radieux, radouci, rafraîchi, rassasié, rasséréné, rassuré, ravi, rayonnant, réceptif, réconforté, reconnaissant, régénéré, réjoui, relaxé, revigoré, satisfait, sécurisé, sensibilisé, sensible, serein, sidéré, soulagé, stimulé, sûr de soi, surpris, touché, tranquille, vivant, vivifié.

Sentiments éprouvés quand nos besoins sont insatisfaits

À bout, abattu, accablé, affamé, affolé, agacé, agité, alarmé, amer, angoissé, anxieux, apeuré, assoiffé, blessé, bloqué, bouleversé, chagriné, choqué, en colère, concerné, confus, consterné, contrarié, crispé, débordé, déchiré, déconcerté, décontenancé, découragé, sur la défensive, dégoûté, démonté, démoralisé, démuni, dépassé, dépité, déprimé, dérouté, désabusé, désappointé, désemparé, désespéré, désolé, désorienté, déstabilisé, détaché, distant, ébahi, ébranlé, effondré, effrayé, embarrassé, embrouillé, ému, endormi, énervé, ennuyé, enragé, éprouvé, épuisé, essoufflé, étonné, exaspéré, excédé, exténué, fâché, fatigué, fragile, frustré, furieux, gêné, glacé, grognon, hésitant, horrifié, hors de soi, impatient, impuissant, incertain, incommodé, incrédule, indécis, indifférent, inquiet, insatisfait, insensible, intrigué, irrité, las, lourd, mal, mal à l'aise, malheureux, mécontent, méfiant, mélancolique, morose, nerveux, partagé, peiné, perdu, perplexe, perturbé, pessimiste, préoccupé, réservé, résigné, réticent, sans élan, saturé, sceptique, secoué, seul, sombre, soucieux, stressé, stupéfait, submergé, surmené, surpris, tendu, terrifié, terrorisé, tiraillé, tourmenté, triste, troublé, vexé, vidé, vulnérable.

Mots à éviter à tout prix, car ils contiennent une évaluation masquée

Abandonné, abusé, acculé, accusé, agressé, assailli, attaqué, bafoué, bête, blâmé, bousculé, calomnié, contraint, critiqué, déconsidéré, détesté, dévalorisé, diminué, dominé, dupé, écarté, écrasé, étouffé, exploité, fautif, floué, forcé, harcelé, humilié, ignoré, importuné, incapable, incompétent, incompris, indésirable, indigne, insulté, isolé, jeté, jugé, lamentable, largué, maltraité, manipulé, médiocre, menacé, méprisé, minable, mis en cage, mis sous pression, négligé, nul, offensé, pas accepté, pas aimé, pas cru, pas entendu, pas important, pas vu, persécuté, piégé, pris en faute, provoqué, rabaissé, refait, rejeté, répudié, ridiculisé, roulé, sali, sans valeur, stupide, trahi, trompé, utilisé, vaincu, violé.

Besoins fondamentaux

Transcendance :

Amour, beauté, conscience, harmonie, joie, lâcher-prise, ordre, paix, sacré, sagesse, sérénité, silence, simplicité, spiritualité, unité.

Célébration :

De la vie et de ses réalisations, des deuils et des pertes ; partage des joies et des peines.

Ressourcement, jeu :

Bien-être, calme, confort, défoulement, détente, équilibre, expression sexuelle, fantaisie, fête, guérison, humour, intimité, jeu, joie, plaisir, récréation.

Interdépendance :

Acceptation, affection, aide, amitié, amour, appartenance, appréciation, attention, bienveillance, chaleur, cocréation, collaboration, communication, compagnie, compassion, compréhension, concertation, confiance, connexion, considération, contact, continuité, coopération, douceur, échange, écoute, équité, empathie, expression, fiabilité, fidélité, honnêteté, intimité, justice, ouverture, partage, participation, réciprocité, réconfort, reconnaissance, respect, soutien, tendresse, tolérance, toucher, être touché.

Sens :

Accomplissement de soi, action, apprentissage, but, clarté, cohérence, conscience, contribution à la vie, créativité, croissance, développement, discernement, direction, espoir, évolution, expérimenter l'intensité de la vie, faire bon usage de son temps, inspiration, participation, proximité, réalisation de son potentiel, sécurité, transparence.

Subsistance :

Abri, air, eau, espace, élimination, lumière, mouvement, nourriture, protection, repos, reproduction, respiration, santé, sécurité, soins, stabilité.

Intégrité :

Authenticité, centrage, confiance en soi, connexion à soi, équilibre, estime de soi, honnêteté, identité, respect de soi, de son rythme, de ses valeurs, sens de sa propre valeur, unité intérieure.

Autonomie :

Affirmation de soi, choix de ses rêves, buts et valeurs, indépendance, liberté, pouvoir sur sa vie, respect de son rythme, solitude, spontanéité, tranquillité, paix.

Note de l'auteur :

Les exercices d'auto-empathie, d'expression honnête, d'empathie et de gratitude ont été créés par Marshall B. Rosenberg, fondateur de la Communication NonViolente®. Les listes de sentiments/besoins et les exercices concernant les quatre étapes sont inspirés du « syllabus » créé par Marshall B. Rosenberg pour ses séminaires intensifs.

Bibliographie

Leal Maria et Lower Richard, *Mandalas à colorier – Confiance en soi*, Espace Mieux-être, 2008.

Rosenberg Marshall B., *La Communication NonViolente® au quotidien*, Jouvence, 2003.

Van Stappen Anne, *Ne marche pas si tu peux danser*, Jouvence, 2009.

Van Stappen Anne, *Petit cahier d'exercices de bienveillance envers soi-même*, Jouvence, 2009.

Coordonnées

Pour plus d'informations sur le Centre pour la Communication NonViolente (*Center for Nonviolent Communication*) et la Communication NonViolente, n'hésitez pas à visiter le site européen **http ://nvc-europe.org** ou les sites américains **www.cnvc.org** et **www.nonviolentcommunication.com**

Pour toute information supplémentaire, vous pouvez contacter :

Le Centre international pour la Communication NonViolente
PO Box 6384 – Albuquerque, Nouveau Mexique 87197
Tél. +1 505 244 4041

Site web européen : www.nvc-europe.org
En Belgique : cnvbelgique@skynet.be
En France : acnvfrance@wanadoo.fr
En Suisse : info@cnvsuisse.ch
Sites web américains :
www.cnvc.org et www.nonviolentcommunication.com
Aux États-Unis : cnvc@cnvc.org

Pour contacter l'auteur **Anne van Stappen :**
Mail : avs@annevanstappen.be
Site : www.annevanstappen.be

Achevé d'imprimer en France en juillet 2014
par l'imprimerie Hérissey à Évreux (Eure)
Dépôt légal : juin 2013
N° d'impression : 122680

Ce livre est imprimé par Hérissey qui assure une stricte application
des règles concernant le recyclage et le traitement des déchets,
ainsi que la réduction des besoins énergétiques.